Le bouquiniste Ant. Laporte

par

Le Commandant QUENAIDIT

Extrait du *Bulletin de la Société archéologique, historique et artistique*
LE VIEUX PAPIER

LILLE
IMPRIMERIE LEFEBVRE-DUCROCQ
1911

Le bouquiniste
Ant. Laporte

par

Le Commandant QUENAIDIT

Extrait du *Bulletin de la Société archéologique, historique et artistique*
LE VIEUX PAPIER

LILLE
IMPRIMERIE LEFEBVRE-DUCROCQ
1911

Le bouquiniste Ant. Laporte.

> Aux amateurs jeunes et vieux,
> Je vends des livres curieux,
> Tout en bravant l'intempérie,
> Narguant le chaud, le froid, la pluie,
> Au libre air toujours trottinant,
> L'œil au guet et le nez au vent
> Je vends Parny, Victor Hugo, Molière
> Tout le long, le long, le long de la rivière,
> Tout le long, le long de la rivière.
>
> (Le Bouquiniste — Clovis Pierre).

On a beaucoup écrit sur les bouquinistes des quais de Paris et d'une façon bien supérieure à ce que je ne saurais faire, je ne reprendrai pas le sujet et me contenterai de vous entretenir d'un de ces braves gens qui résistent aux intempéries du temps et, sentinelles vaillantes, restent sur la brèche à côté de leurs boîtes à bouquins, dans le plus bel et le plus pittoresque endroit de Paris, à mon avis, et que je crois partagé.

Il a disparu il y a onze ans, mais bien des chercheurs ont dû le connaître et s'en souviennent encore. Son étalage se trouvait au quai Malaquais, juste en face du débouché de la rue Bonaparte, il se nommait Antoine Laporte.

Il fut un des types — de la rue et de la boutique, — pourrait-on dire, des plus curieux de Paris. On ne se doutait guère ce qu'il était, on ne soupçonnait pas qu'il avait été mêlé à notre histoire nationale, d'une façon très active et inconnue.

Je fis sa connaissance en 1896, au moment où je rentrais définitivement en France, des colonies. Je le rencontrai, comme bien d'autres l'ont fait, en flânant le long des parapets tout en fouillant des vieux écrits l'éternelle jeunesse, comme a dit le poète, et en lui achetant quelques volumes : il avait grand besoin de vendre, étant un déshérité de la fortune.

Les bouquinistes sont d'honnêtes gens, mais en général leurs connaissances bibliographiques sont restreintes et erronées, c'est même ce qui fait leur succès. Ils achètent pas cher en stock et vendent en se contentant d'un léger bénéfice. Le jour où ils font acte de libraire et veulent donner à leurs livres leur vraie valeur, ils éloignent le chercheur, le fournisseur, celui qui espère faire des découvertes imprévues, à bon marché, malgré ses déboires répétés.

On ne tardait pas à s'apercevoir, en parlant au Père Laporte, (c'est ainsi que beaucoup l'appelaient) qu'on avait affaire à un érudit, à un monsieur qui connaissait non seulement les livres de dos, mais savait ce qu'ils contenaient. On sentait que cet homme avait été autre chose, qu'il n'était pas un déclassé mais un vaincu de la vie. Il était un guide sûr, car n'était-il pas l'auteur de l'*Histoire littéraire du XIXe siècle* ?

Cet article biographique n'est pas aisé à écrire, la mort prématurée et rapide de Laporte ne m'a pas permis de compléter certains documents ; d'autre part, il n'est pas prudent d'exposer tous les faits sous leur vrai jour, nous sommes encore trop près des événements décrits et plusieurs personnages cités vivent et même touchent au pouvoir.

Loin de moi l'idée de faire ici un article ayant la moindre teinte politique, notre revue ne s'y prêterait pas. C'est avec une parfaite indépendance que j'écris, et, pour ainsi dire, je transcris et donne corps à des notes prises au jour le jour il y a de nombreuses années.

Antoine Laporte naquit le 4 avril 1835 à Meymac [1] (Corrèze), dans la région qui a vu naître Lachaud et bien d'autres personnages connus. Il est mort à Auteuil, 44, boulevard Exelmans, à l'âge de 65 ans, le 30 mars 1900.

Les origines exactes de sa famille sont assez difficiles à établir, mais néanmoins font comprendre la contradiction apparente du caractère de cet homme qui tenait à la fois de l'aristocrate par son amour-propre exagéré, sa combativité, son intransigeance, et du paysan par sa finesse dans un masque bonhomme, une fréquente rudesse de langage, son tempérament robuste. Il avait dans les veines de l'un et l'autre sang.

Il se rattachait aux de la Porte de Lissac [2] (du Limousin). Au moment de la Révolution, son grand-père et sa grand'mère se trouvaient à Paris, avaient même un emploi à la cour. Devant les atrocités de la Terreur ils se réfugièrent en Corrèze, croyant y trouver le calme. Quel ne fut pas leur effroi, lorsque, à peine arrivés, ils assistèrent, sur la place publique, à

---

1. Ville devenue célèbre par le vol du chef de saint Martin.
2. Il existe un ouvrage intitulé : *Histoire généalogique des familles nobles du nom de La Porte avec les maintenus, les preuves de noblesse et les sources*, par A. de la Porte. — Poitiers, 1882, gr. in-8. Ouvrage non mis dans le commerce et tiré à 200 exemplaires.

Peut-être cet ouvrage, que je ne connais pas, renferme-t-il quelques indications, mais c'est peu probable car il y eut mésalliance. Même en cherchant dans les registres de l'état-civil, ce qui en ce cas n'aurait qu'un intérêt relatif, on n'arriverait pas à reconstituer l'exactitude, à mon avis.

l'exécution d'un noble par la guillotine. Son grand-père en mourut de peur à l'âge de 32 ans, mais sa grand'mère, plus frêle mais mieux trempée, surmonta si bien son émotion qu'elle ne rendit l'âme qu'à l'âge de 103 ans, incarnant et conservant, jusqu'à la mort, ses préjugés, et les traditions les plus surannées de la cour.

Sous la Révolution, plusieurs fois il arriva que des veuves de ci-devant, pour recouvrer ou conserver leurs biens, se mésallièrent. Sa grand'mère dut épouser un sieur Laporte, acquéreur de biens nationaux, et de cette union dut naître le père de notre bouquiniste, qui mourut assez jeune, ainsi que sa femme, tout en ayant eu six enfants. C'était un joyeux viveur qui dissipa son bien.

Antoine Laporte était l'aîné, il reçut une solide instruction, obtint ses baccalauréats après avoir suivi les cours de divers établissements religieux, ce qui, à tort, a fait dire de lui qu'il était un défroqué [1].

Comme M. Combes, il emporta de ce passage la croyance à un vague spiritualisme, et la haine de l'esprit clérical.

Il songea à devenir professeur, et même, un certain temps, enseigna les belles-lettres dans un petit collège congréganiste d'Ussel. Devenu chef de famille, sa grand'mère le rappelle pour prendre la charrue : il y était peu préparé et s'engagea, pour exempter son second frère, au 97e d'infanterie, en 1856.

Grâce à son instruction il devint caporal et moniteur, chargé des enfants de troupes, professeur de plusieurs enfants d'officiers, et Canrobert le prit comme secrétaire lorsqu'il commandait à Nancy en 1860.

Il est connu que le maréchal ne se maria que très tard, et qu'avant, il en avait le droit, eut maintes bonnes fortunes. Laporte était chargé de répondre aux épîtres amoureuses et enflammées qui ne cessaient de pleuvoir à l'hôtel du commandement. Il fallait l'entendre parler sur ce sujet.

Un de ses oncles, chef de bataillon dans la garde, avait un emploi aux Tuileries : en allant le voir, le hasard le mit en présence de l'impératrice, à qui il eut le talent de faire une réponse très à propos.

Envoyé à Langres, ville peu agréable, il eut l'audace de demander directement à la souveraine de lui faire accorder un congé illimité. En raison de son oncle il l'obtint, même avec un fort secours pécuniaire payé sur la cassette ; le 27 décembre 1863 il était libéré, ce qui ne l'empêcha pas aussitôt de se lancer dans la politique et de devenir un ennemi acharné de l'Empire.

---

1. C'est faux, car il s'engagea à 20 ans et plus tard produisit un certificat de mariage religieux daté du 2 janvier 1873, car dans sa polémique avec O. Uzanne, dans *Les bouquinistes et les quais*, page 33, il dit justement : « Or tout le monde sait qu'un défroqué était autrefois dispensé du service militaire et n'était jamais admis à l'église à contracter un mariage religieux ».

Il fallait vivre, sa mère l'avait déshérité : il se fit calicot, pas longtemps : les lettres l'attiraient. Comme bien d'autres, les Anatole France, Zola, etc., il entra chez Hachette, et y apprit la cuisine littéraire.

Deux fois il se maria, épousa sa seconde femme en 1873 : c'était la fille d'un officier supérieur : elle avait été élevée à Saint-Denis et mourut des suites d'une longue et cruelle maladie après six ans de mariage.

Il s'était établi libraire-éditeur à son compte d'abord rue de Seine, 36 bis, puis rue des Saints-Pères, 43 ter. Lorsqu'en 1870 parut la liberté des brevets, il fut ruiné. L'État les avait bien fait payer mais ne remboursait rien.

Mêlé aux événements politiques, d'un caractère assez difficile à comprendre au premier abord lorsqu'on cherchait à le pénétrer, ne voulant ni se plier, ni quémander, toujours en lutte avec l'un ou avec l'autre, il fut réduit pour vivre au jour le jour à faire le dur labeur de bouquiniste sur les quais, tout en conservant sa boutique de libraire, et en passant ses nuits à pratiquer le métier d'écrivain.

Dans son ouvrage sur le naturalisme, il s'est peint lui-même : « Depuis
» vingt ans, environ, que je bibliographie, parfois découragé mais jamais
» vaincu, sacrifiant mon temps et mon argent à ces travaux littéraires, les
» plus utiles mais les moins appréciés de tous, vous êtes le premier qui
» m'avez soutenu....

» Bien que simple et détaché de tout, sauvage, disent les indifférents,
» philosophe, insinuent ironiquement les frondeurs, j'ai pourtant la fierté et
» l'orgueil de mes amis qui sont ma force et ma joie ».

L'homme était double, même triple. Un bouquiniste qui végétait, un érudit qui écrivait, un politique-mystique, pourrait-on dire, qui conspirait, dirigeait, s'effaçait, mais batailla jusque son dernier jour.

Pour comprendre le rôle de tels hommes, j'ouvre ici une parenthèse. Tous ceux qui ont vécu à Paris, qui ont plongé un peu dans ses mystères, ont été frappé par l'imprévu qu'on y découvre, par les types non soupçonnés qu'on y rencontre.

La vie est une grande comédie, maître Rabelais était de cet avis. Nous voyons évoluer les acteurs, il y a des premiers rôles ! ministres, députés, financiers, et à côté les utilités, les figurants, les comparses.

Vu de la salle, c'est supportable, on passe du tragique au comique. Des coulisses c'est moins bien, on comprend les comédiens sous leur véritable jour, on voit tirer les ficelles.

A côté on découvre le metteur en scène, qui agence la pièce, ordonne les effets scéniques, donne l'intonation, dirige la marche et les gestes des exécutants ; le machiniste qui fait mouvoir les décors, le décorateur qui illusionne.

Au-dessus de tout est l'auteur. Il a conçu la pièce, connaît ce qu'il a voulu peindre, sait où il en a puisé l'idée première, possède la clef des personnages représentés.

De même il en est en politique. Les événements successifs sont amenés de loin, dans un ordre voulu. La preuve c'est le soin extrême que l'on prend à en rechercher les causes. Les moindres preuves sont examinées de près, les pièces reproduites, les mobiles commentés.

Hélas ! on ne fait que du relatif, les choses compromettantes sont toujours plus ou moins détruites, plus que toute science l'histoire n'est que relative, n'est qu'une vérité approchée, présentée souvent sous un jour favorable et adouci.

On voit, dis-je, les gouvernants jouer leur rôle avec force gestes et tirades.

Derrière eux on perçoit les idées qui les animent, les engagements plus ou moins secrets qu'ils sont obligés de tenir, les conseils qu'ils sont forcés de suivre, c'est la pièce vue de la coulisse.

Des personnages plus ou moins effacés les inspirent, c'est l'ingérence des sociétés dénommées secrètes, des groupes politiques à tendances occultes. Ils sont les metteurs en scène, et, comme tels, visibles, connus, souvent composés de gens de condition sociale très ordinaire.

Mais à leur tour ceux-ci reçoivent le mot d'ordre d'on ne sait où, d'on ne sait qui, il peut même avoir un caractère international.

Il en a été ainsi de tout temps ; dans l'histoire, les vrais meneurs ne sont pas toujours ceux qu'on pense.

Les musulmans croient que le monde est dirigé par des saints inconnus, vivant et formant le R'outs-el-Alem [1], dont un, le Gotb-el-Gtoub [2], occupe le sommet de l'axe du genre humain et dirige tout. La réalité n'est peut-être pas si éloignée qu'on le croit de cette conception.

La Société de Jésus, depuis longtemps, a un pouvoir très-puissant dans la conduite des choses politiques : son fondateur s'inspira pour son organisation des Khouan ou confréries religieuses musulmanes. Devant toute force s'en élève une adverse. Les francs-maçons les combattirent donc, et de même que les Alliés furent obligés d'adopter la tactique de Napoléon pour le vaincre, les maçons durent prendre des formes secrètes et analogues à celles des jésuites.

Des deux côtés toute la pièce ne se passe pas seulement sur la scène ; dans l'histoire beaucoup d'acteurs restent inconnus.

Consultez le passé, derrière tout Richelieu il y a eu plus ou moins d'éminences grises. Avant chaque tournant de l'histoire, chaque coup d'état,

---

1. Refuge du monde.
2. Pôle des pôles.

des groupements s'agitent préalablement. La période qui précède la Révolution française voit paraître beaucoup d'envoyés internationaux qui agissent sur les foules et les esprits [1].

Regardez l'histoire de l'année, la révolution du Portugal, vous y voyez les carbonari victorieux. Inconnus la veille, s'ignorant les uns les autres en raison de leur organisation, mais obéissant tous à la « Loge Portugal », dont ils ne connaissaient pas les membres.

Au sommet de cette vaste association se trouvaient des hommes dont les emplois étaient des plus modestes : un officier d'administration de la marine, un bibliothécaire, un directeur de poste. Eux seuls savaient la formidable puissance qu'ils tenaient dans la main, ils la déclanchèrent au moment voulu et réussirent. La République installée, ils disparurent pour ainsi dire, reprirent leurs fonctions subalternes et mirent en place les hommes politiques en vue et qu'ils jugeaient aptes à conduire le nouvel état de chose. C'est l'application dans une certaine mesure de la loi connue de toute antiquité : l'initié tue l'initiateur.

Je demande pardon d'avoir un peu trop insisté sur cette question, mais c'est pour démontrer que des gens — obscurs — comme notre bouquiniste, peuvent avoir joué un rôle parfois très actif, tout en ayant l'orgueil et la volonté de rester effacés.

De l'époque de sa libération jusqu'en 1870, Laporte, plus ou moins ostensiblement, se mêle à nos luttes politiques, s'affilie à diverses sociétés, fait chorus avec tous ceux qui veulent changer le régime. On aurait beau fouiller dans les registres et procès-verbaux de l'époque, on ne suivrait guère sa trace. Ceux surtout qui font besogne secrète ne le crient pas sur les toits. Il m'avoua qu'à une époque de sa vie, très gravement malade et se croyant condamné, il s'était traîné jusqu'à son secrétaire et avait brûlé tous ses papiers. C'est dommage. Marbot dit que Napoléon épura lui-même son histoire en brûlant dans une cheminée des Tuileries tous les documents qui auraient pu le gêner. De nos jours, un poêle trop bourré manqua, un soir de grande lessive — mettre le feu à un ministère. —

Le feu purifie tout et les vieux papiers, malheureusement pour nous, chercheurs et conservateurs, n'ont pas les propriétés du Phénix.

Avant 1870, on parlait beaucoup de l'Internationale, de nos jours elle paraît tombée ou du moins s'est combinée dans d'autres formations.

Mais, à côté, il y avait d'autres évolutions et je vais donner ce que l'on lit dans la *Revue des Deux Mondes,* du 15 juillet 1900 sous la signature Georges Goyau. « Patriotisme et Humanitarisme. — Mais entre 1863 et
» 1870, on vit se développer à l'ombre de l'acacia maçonnique, un groupe

---

1. Cagliostro, Mesmer, le chevalier de Saint-Germain, etc.

» d'opposition, tout à la fois philosophique et politique que d'aucuns, par
» un assez mauvais jeu de mots, appelaient la Massolerie. Ce groupe avait
» Massol pour guide et M. Henri Brisson en est aujourd'hui l'un des plus
» éminents survivants. La Massolerie avaient deux ennemis : Dieu et
» l'Empire. Elle était positive et républicaine et en relation active avec la
» maçonnerie italienne qui commençait à soutenir des thèses franchement
» internationalistes. Les statuts de cette maçonnerie régénérée portaient cet
» en-tête : Maçonnerie Universelle, famille italienne des 1864 ».

Je n'affirmerai pas qu'il fit partie de ce groupe, mais sais qu'il a été en Italie comme délégué.

Le siège arrive, il prend l'habit de garde national, fait le coup de feu au Bourget et se trouve à l'hôtel de ville lors des émeutes populaires qui forcèrent Trochu à faire acte de vigueur.

Il fallait lui entendre parler de cette sombre époque de notre histoire : son teint s'empourprait, son tempérament prenait le dessus, il croyait tenir son fusil en main et vous esquissait le mouvement de lancer la baïonnette en disant : Il s'en est manqué d'un doigt que je ne la passe à travers le corps de Trochu. Il lui avait conservé une vraie dent, l'accusant de mollesse pour ne pas dire plus.

Je le calmai en plaidant les circonstances atténuantes en faveur du général, c'est-à-dire en lui faisant lire une lettre autographe que je possédais, datée de la fin de 1868 et adressée à un de ses amis. Il ne fallait pas être grand graphologue pour voir à cette écriture tremblée, pareille à celle d'un vieillard, à ces lignes tombantes et qui marquaient un profond découragement, que c'était un homme fini, usé par des ennuis de famille qu'il dépeignait dans sa lettre, c'était de la détresse, on sentait le soldat croyant et résigné, mais incapable de faire acte de résolution et de conduire des troupes à la victoire.

Il n'était pas l'homme qu'il fallait et, lorsque Laporte eut fini de lire, il me dit : « Maintenant je le comprends et suis heureux de ne pas lui avoir fait un mauvais parti, il s'en est fallu de peu. Je l'excuse ».

Et cette fameuse journée lui rappelait bien d'autres souvenirs. Il découvrit caché sous une table un personnage dont je tairai le nom, mais qu'on soupçonnerait peu.

Au siège succéda la Commune. C'est à cette époque que notre étrange bouquiniste rendit un grand service à la France, car il contribua à arrêter une lutte fratricide.

Le 18 mars, l'émeute qui devait durer quarante jours commençait par le meurtre des généraux Clément Thomas et Lecomte, qui furent fusillés rue des Rosiers.

Clément Thomas fut frappé le premier sans trembler, et Lecomte tomba sur lui. La populace maltraita son cadavre.

Laporte était ami de Lecomte, ils partageaient bien certaines idées communes, mais c'était le hasard qui les avait rassemblés. Le général avait l'amour des vieilles gravures et s'arrêtait volontiers devant les étalages. Un jour, passant devant chez notre libraire, il voit des Dürer : « Combien vos gravures ? — Vingt francs pièce. — Vous voulez rire, on me fait des pièces pareilles des trois et quatre cents francs chez vos collègues. — Mes collègues font ce qu'ils veulent, ce que je vous offre sont des tirages modernes sur papier jauni artificiellement, mais je n'ignore pas que souvent ils sont vendus au prix de tirages anciens. »

Il renseigna si bien Lecomte sur les gravures qu'ils devinrent une paire d'amis. Il le rencontra la veille de sa mort et le général lui dit : « C'est étrange, tout me dit que je n'en ai pas pour longtemps. »

Tout le monde sait que les canons ne purent être enlevés faute d'attelage et que ce fut la cause de l'émeute.

Voici ce qu'a écrit un témoin sur la reconnaissance des corps [1] : « Le » lendemain 19 mars, l'aide de camp du général Clément Thomas va réclamer » le corps de son chef, ceci nous est révélé par un document jusqu'à ce jour » resté inédit. Il se rend avec le secrétaire du général près de M. Clemen-» ceau, maire de Montmartre, qui ne leur donna satisfaction ni ce jour-là ni » le lendemain. Les corps n'étaient plus dans le jardin ; on ne les avait pas » enterrés au pied du mur, comme certains l'ont cru. Toute la nuit laissés » dehors, le lendemain ils furent ramenés et clandestinement, à 3 heures du » matin, jetés dans la fosse commune du cimetière Saint-Vincent. La muni-» cipalité avait trouvé inutile qu'ils eussent des cercueils ; mais le garde, » brave homme, leur avait rendu le devoir, et, les corps ensevelis, il les avait » déposés dans le caveau banal de la ville ».

Bien avant que ce récit ne paraisse, mais en 1896, Laporte, dont j'ai relaté l'amitié à l'égard de Lecomte, m'avait dit : « Le lendemain, aussitôt que j'eus appris l'exécution des généraux, je me rendis (j'ignore s'il était seul, c'est peu probable) auprès des officiers fédérés réclamer le corps du général. Ils me répondirent qu'il fallait s'adresser à l'autorité. Qui était-elle, il n'y avait plus de gouvernement régulier ? Restait le maire de Montmartre, c'était Clemenceau, il s'y rendit. Il répondit : Ça ne vous regarde pas, que voulez-vous en faire ? — L'enterrer, c'est de votre ressort, voici assez d'outrages subis par le cadavre ; qu'il soit coupable ou non, on doit lui donner la sépulture ». Le maire persista dans sa manière de non recevoir, prétextant que ça regardait le commissaire de police. Laporte s'y rendit, mais ce fonctionnaire ne voulut rien entendre, disant que, n'étant plus légalement investi, de s'adresser au maire. Retour auprès de Clemenceau, qui persista à ne vouloir délivrer aucune autorisation.

---

1. *L'Eclair*, 19 mars 1901.

Le soir, les officiers fédérés, sur les indications de Laporte, firent enterrer Lecomte et Clément Thomas dans une partie abandonnée du cimetière Montmartre.

Ces deux récits diffèrent peu.

Quel fut le rôle de la Maçonnerie dans la Commune ? Il a été beaucoup écrit sur ce sujet. Son rôle fut multiple, varia suivant les événements imprévus qui se succédèrent. A l'enthousiasme des premiers jours, aussitôt que certains comprirent où allait le mouvement, il y eut scission entre les membres maçonniques qui firent partie de la Commune et de son gouvernement, et l'élément sain qui se ressaisit et se rappela sa vraie devise : bâtir et non détruire.

Le 11 avril 1871 les loges envoient une délégation à Versailles qui tâche d'apaiser les choses. Le 29 avril a lieu la grande manifestation aux remparts sur lesquels sont plantées les bannières, et on peut croire que la Maçonnerie a pris fait et cause pour la Commune ; mais le lendemain les troupes trouent les étendards avec leurs balles, c'est le retrait, c'est la scission ; des clubs se forment et se désavouent.

Pendant ce temps, les Versaillais se rapprochaient et enserraient de plus en plus la capitale.

C'est ici que se place un fait peu connu. De part et d'autre existaient des Maçons qui en leur qualité parvenaient à circuler. Ceux qui étaient dans la capitale furent au courant des épouvantables incendies qui se préparaient. Il fallait en finir, l'armée devait pénétrer dans Paris avec le moins d'effusion de sang possible. Il fallait éclairer le gouvernement de Versailles dont l'entêtement n'était pas un des moindres défauts. On sait que lorsque le général Vinoy se présenta le soir chez M. Thiers pour faire occuper le Mont-Valérien, il eut toutes les peines à le réveiller et à lui faire comprendre la situation.

Le même fait se renouvela. Laporte fut délégué pour se rendre auprès du chef du gouvernement et lui exposer la gravité de la situation et la solution à prendre. Thiers se prétendit très occupé et l'adressa à son secrétaire et ami Barthélemy-Saint-Hilaire, que Laporte connaissait du reste. Notre envoyé protesta, mais Thiers lui dit : c'est un second moi-même. Il dénonça ce que l'on ignorait, l'existence des pétroleurs qui devaient incendier Paris à mesure que la troupe pénétrerait. Barthélemy-Saint-Hilaire n'y voulut croire, s'emporta, dit des choses peu aimables. Laporte, qui n'était pas commode, riposta et prit la porte. M. Thiers, mis au courant, le fit rappeler et fut très impressionné, demandant le moyen de parer à cette menace. Laporte lui dit : « Entrer dans Paris le plus rapidement possible, sans coup férir et pour cela acheter à prix d'or plusieurs commandants de fédérés chargés de la défense des portes. »

M. Thiers partagea cet avis et demanda des noms : « Demain, vous en aurez. — Ne pourriez-vous négocier la chose ? — Non, vous comme chef du pouvoir et dans l'intérêt général pouvez le faire, mais moi qui connais les uns et les autres, ne puis faire pareille action. »

Le gouvernement s'arrangea pour négocier et trouver facilement à acheter, chèrement il est vrai, des consciences : même un des transfuges eut plus tard la croix.

Laporte, au moment de l'entrée des troupes, se trouvait au couvent des Augustines, il avait obtenu que lui et ses amis, même détenteurs d'armes, ne seraient pas inquiétés et que sa boutique serait respectée, ce qui fut fait. On lui offrit une récompense, il refusa ; le ruban rouge ne le tenta jamais, mais Thiers se dérangea pour le remercier en personne.

Non seulement ce récit me fut plusieurs fois fait par lui, mais m'a été certifié par des personnes dignes de foi qui le connaissaient de longue date.

Après 1871 il aurait pu, comme tant d'autres, tâter de l'assiette au beurre et prendre sa part du gâteau ; grâce à son intelligence, il aurait pu réussir et obtenir une belle situation. Combien retournèrent leur habit à cette époque !

Pendant quelques années encore il s'occupa de politique. En 1873, il fit partie d'une délégation maçonnique qui s'aboucha avec le comte de Chambord pour lui faire comprendre qu'il n'avait aucune chance de réussir au trône de France. Il était charmant, dit-il.

Même mission auprès des nihilistes, il fit entendre à un de ces redoutables sectaires que la maçonnerie n'avait rien de commun avec ces destructeurs. Il paraît que le Russe, pendant l'entretien, avait une bombe à proximité de la main pour appuyer ses arguments au besoin.

A ce moment, il entra définitivement « en silence » comme on dit en termes de société secrète, il reste affilié mais non membre, et jamais on ne saura exactement à quels groupes exacts il a appartenu.

Je le revis couché et fort souffrant, pour la dernière fois, le 31 mai 1899. Le moral était bon, le corps était perdu. Comme toutes les personnes qui ont été mêlées aux tourmentes sociales et politiques, il faisait son examen de conscience et me dit : « J'ai eu parfois de lourdes responsabilités » et me faisant voir un objet placé sur une étagère, il m'engagea à le prendre et à l'examiner. Voilà, dit-il, ce qui est cause de tous mes tourments. — On dirait un ivoire chinois. — Parfaitement. Une amulette, si vous voulez, mais comme vous n'en verrez jamais. »

J'avais entre les mains une petite tête de mort en ivoire, très finement sculptée. Le sommet du crâne était percé d'un trou qui devait avoir autrefois un bouton pour la suspendre, elle était de la grosseur d'une noix et ne comportait pas de maxillaire inférieur. L'objet ressemblait assez à ces têtes de mort que portent certains ordres religieux à leurs chapelets, mais était creux, fait avec infiniment de soins, toutes les sutures étaient indiquées, et d'un ivoire jauni par le temps qui indiquait son ancienneté.

« Non ce n'est pas chinois, me dit-il. Ça vient d'Égypte [1], au sommet se trouvait un ornement que j'ai enlevé. Si je mourrais, on viendrait le chercher et il servirait à un autre.

— Et si on ne le retrouvait pas ?

— On croirait que j'ai failli à mes serments et il y en aurait un de moins. »

Que faut-il en conclure ? Si je donnais un avis formel on pourrait me dire que je me trompe. Il devait s'agir d'une sorte de confraternité universelle, dans le genre des anciens Rose-Croix, chacun des membres possédait un de ces objets dont la réunion formait un chapelet, une chaîne.

L'objet se transmettait à la mort d'un membre à un autre initié, dont le nombre était fixe.

Lui ayant demandé s'il connaissait d'autres membres, s'il en existait ayant pareil bijoux [2]. « Je ne sais où ils sont, un doit être à Londres, un autre aux Indes ou en Chine. Peut-être si je guéris je vous expliquerai ce que c'est. En tout cas tant que l'objet n'aura pas fait retour à qui de droit, on me considérera comme vivant et je ne serai pas rayé. »

A sa mort, il avait demandé que cette tête soit mise dans son urne avec ses cendres, des raisons majeures empêchèrent d'exécuter ce désir.

C'est moi qui possède ce redoutable insigne, j'attends qu'on me donne l'explication exacte de sa signification que j'entrevois à peine.

Puisque j'en suis sur le chapitre de sa mort, j'ajouterai que ses obsèques civiles furent singulières. Cet homme ne laissait pas de dettes, et seulement quelques livres comme héritage. Il avait sur son testament, depuis longtemps, demandé à être incinéré et fut brûlé au Père Lachaise ; quelques amis avaient suivi son convoi.

J'avais souvent vu dans son appartement deux pastels encore très beaux. Il me dit que c'était ses grands-parents au moment de leur mariage, lorsqu'ils habitaient Paris. J'avais bien entendu dire qu'ils avaient été faits par Latour, mais la chose paraît impossible, ce peintre est mort en 1788 et aurait dû exécuter ce travail vers 75 ans. Mais ils étaient d'un pastelliste de talent, de la bonne époque où ce genre battait son plein et avait de la valeur. Il avait demandé formellement que ces tableaux soient brûlés avec lui et ils le furent. Pourquoi voulut-il cette destruction ? Mystère. Je sais qu'il en avait refusé un bon prix de son vivant, lui cependant qui souvent le soir n'avait pas trois francs en poche.

Je n'avais pu assister à ses funérailles, mais une année plus tard, en 1901, me promenant au Père Lachaise, je passais devant le columbarium et malgré

---

1. Je n'ai pas voulu insister si le mot Egypte dans ce cas signifiait bien l'Egypte ou une de ces divisions fictives du monde, fréquente dans les sociétés secrètes ou religieuses.

2. Bijoux, ornement symbolique en terme maçonnique.

moi je redressai la tête et découvris dans le haut une plaque qui fermait une case. Les lettres A. P. s'y trouvaient gravées. Deux initiales, et derrière un peu de cendre dans une urne, c'était ce qui restait de lui.

Cinq ans plus tard, j'eus l'occasion d'y retourner : la concession n'ayant pas été renouvelée, il n'existait plus rien. Cette fois ce libre-penseur était bien entré dans le Grand Tout.

On pourrait jusqu'à un certain point émettre des doutes sur certaines parties de mon travail. Qu'il y ait quelques inexactitudes de détail c'est possible, il y en a même de voulues, mais je puis assurer que j'ai vérifié le récit de ces faits auprès de personnes dignes de croyance.

A côté, du reste, de ce Laporte difficile à saisir, existe l'écrivain, le bénédictin laïque, qui a laissé des travaux d'une vraie valeur au point de vue bibliographique. Son meilleur ouvrage est la *Bibliographie contemporaine. Histoire littéraire du XIXe siècle*, de livres rares, curieux et singuliers, d'éditions romantiques, d'ouvrages tirés à petit nombre, etc., avec l'indication du prix d'après les catalogues de vente et de libraires. Paris, in-8, 7 vol. en fascicules et le 1er fascicule du 8e volume. (Tout ce qui a paru, la mort de l'auteur a interrompu la publication (de A à H).

L'ouvrage a aussi paru en plaquettes, une pour chaque auteur important.

C'est une étude biographique, bibliographique et critique des auteurs et des livres imprimés ou réimprimés depuis 1830 jusqu'en 1895, l'ouvrage devait former une vingtaine de volumes.

Aussitôt qu'il se mit à publier ce travail, un concurrent déloyal se mit à en lancer un pareil qui n'était en somme que la copie du sien. Que fit Laporte : il sauta une lettre, passa du C à l'E. Le contrefacteur fut obligé de marquer le pas, il était découvert.

En 1879, il avait édité un ouvrage humoristique : *Le R. P. Cornutus à tous les cocus*. A Corneville, chez Cornatus, l'an de l'ère nouvelle des cornes. Ce n'est pas ce qu'il fit de mieux.

La même année il écrit la *Bibliographie jaune*, par l'« Apôtre » bibliographe. C'était un de ses pseudonymes, il a aussi signé parfois de Lissac.

Puis une *Bibliographie contemporaine* prélude à son *Histoire littéraire*.

La *Cuisinière assiégée*, ou l'Art de vivre au moment du siège, par l'Apôtre, plaquette.

L'Or et l'Argent, en collaboration avec Aaron. Sur la couverture de ce livre, édité sur papier jaune, se trouve le portrait d'Aaron. Or c'est celui de Laporte et c'est peut-être le seul que l'on ait de lui.

Paraît aussi en 1879 : la *Bibliographie clérico-galante*, ouvrages galants et singuliers sur l'amour, les femmes, le mariage, le théâtre, etc., écrits par des religieux.

Ce n'était pas la première fois que l'on avait fait des essais dans ce genre. Dès 1769, un auteur qui doit être Sablier, dit Laporte, avait publié la

Bibliothèque curieuse ou liste des livres pour former le cabinet d'une dévote de profession.

Forcément cette bibliothèque souleva des tempêtes et d'amères critiques qui parurent dans l'*Univers*. Mais le clan adverse aussitôt se mit à publier un autre ouvrage pour réfuter en partie ce que contenait celui de l'Apôtre. La rédaction en fut confiée au R. P. Sommervogel : *Dictionnaire des ouvrages et anonymes et pseudonymes publiés par des religieux de la Compagnie de Jésus* depuis sa fondation jusqu'à nos jours. Paris 1884, 2 vol. in-8.

Comme Laporte était très ferré sur son sujet, qu'il n'avait écrit que preuves en mains et savait où les trouver, certaines étaient même dans des bibliothèques privées, le R. P. Sommervogel prit le taureau par les cornes et ne voulant réfuter qu'à coup sûr, vint trouver Laporte pour avoir des explications sur certains ouvrages sur lesquels il avait des doutes. Notre bibliographe se chargea de les dissiper et ils se quittèrent les meilleurs amis du monde après plusieurs entrevues. Même le R. P. lui dit : « Si vous avez à me parler, venez me voir, ne m'écrivez jamais. Ça vaut mieux. Les statuts de notre ordre nous obligent de verser toute notre correspondance entre les mains de nos supérieurs [1]. »

Néanmoins cette publication faillit lui amener de fâcheux incidents, plusieurs fois il n'échappa que par hasard à des gens qui voulaient lui faire un mauvais parti. Il en avait vu d'autres, sous la Commune, deux fois il faillit être fusillé et toutes ses affiliations à diverses sociétés ne furent pas exemptes de tentatives de représailles sanglantes [2].

Il publia un pamphlet : *Les Estiennes Manuskysés*, contre Manusky, directeur de l'Ecole du Livre. Peu après, O. Uzanne osa, dans un ouvrage sur la *Physiologie des quais de Paris*, parler un peu légèrement des bouquinistes et surtout de Laporte. Il tombait mal, et ce dernier dans un petit ouvrage intitulé *Les Bouquinistes et les Quais de Paris*, 1893, lui répondit d'une verte façon.

Il faut voir comme il défend avec esprit et ardeur sa profession et ceux qui la pratiquent.

En 1895 il fonda le *Collaborateur des érudits et des curieux*. Publication dans le genre de l'*Intermédiaire des chercheurs*, mais qui surtout

---

1. Laporte a écrit son ouvrage pour exercer une juste vengeance. En 1872, un chanoine d'Orléans insinua, avec le concours de l'*Univers*, que Laporte tenait boutique d'ouvrages libertins et licencieux. Une descente de justice eut lieu, tout fut fouillé chez lui et on ne trouva rien. Une ordonnance de non-lieu fut rendue, mais le juge d'instruction, amateur de beaux livres, devint un ami de notre bouquiniste. Tout le monde n'aurait pas été capable de se venger d'une manière aussi spirituelle.

2. Les Sommervogel étaient gens affables. Avant de connaître Laporte, j'avais rencontré le frère du R. P. qui était lieutenant en Afrique, qui s'empressa de mettre son cheval à ma disposition pour une colonne dans le Sud.

s'occupait de bibliographie et vieux papiers et se rapprochait assez de notre *Bulletin*. Il paraissait tous les deux mois et eut près de trois années d'existence.

Dans un des articles qu'il rédigea dans cette revue, il prétend que Recto [1] fut le premier qui s'intitula bouquiniste dans la véritable acception du mot. La chose ne me paraît pas exacte, bien antérieurement, dans les *Tableaux de Paris*, de Mercier, au chapitre Bouquiniste, il est fait un usage exact de ce mot et la profession y est fort bien décrite.

Rochefort a dit un jour qu'il n'en voulait nullement aux gens qu'il assommait — moralement, entendons-nous — mais qu'il lui fallait constamment une tête de Turc sur laquelle il pouvait taper, probablement pour sa santé et pour sa caisse. Laporte était de ceux-là. Aussi, étant en train d'écrire son *Histoire littéraire*, il passe brusquement au Z, fait la biographie de Zola et l'attaque à fond en publiant un ouvrage qui, à l'époque, fit un certain bruit : *Le Naturalisme ou l'Immoralité nécessaire. — Emile Zola, l'homme et l'œuvre*, 1894, 1 vol. in-8.

Zola était arrivé au sommet de sa renommée, il lui manquait d'être admis sous la Coupole, c'était son ambition, il se présenta donc à l'Académie et un certain courant favorable commençait à s'établir lorsque parut le livre de Laporte.

Même le duc d'Aumale était pour lui, inutile de dire qu'il n'avait jamais lu une ligne de l'auteur de *Nana*. — Camille Doucet lui passa *le Naturalisme*, à peine eut-il parcouru quelques pages que ses idées changèrent et que Zola lui devint antipathique.

Laporte continua sa campagne, et pour prouver l'immoralité des œuvres de l'auteur des *Rougon-Macquart*, écrivit *Zola contre Zola* [2], *Erotika*, *Naturalisme des œuvres de Zola*, où il a réuni, comme il dit, en une gerbe malodorante, tous les passages scabreux et immoraux des œuvres du maître.

Zola prit cela pour une manœuvre destinée à le faire échouer à l'Académie, se mit en colère et ne pouvant le faire lui-même, chargea Flasquelle, son éditeur, d'ordonner la saisie chez Laporte de tous les exemplaires des *Erotika* et de poursuivre l'auteur devant le tribunal correctionnel pour contrefaçon littéraire.

C'est à cette occasion qu'Edouard Drumont, qui avait été en très bons rapports avec Laporte, écrivit dans son article de tête de *La Libre parole* du 5 décembre 1896, sous le titre : Zola et le Bouquiniste :

---

1. 1792.
2. Cet ouvrage est orné d'un curieux frontispice de E. Chenieux. Devant l'Institut, Zola brandissant un balai et vêtu en employé de la compagnie Richer ; derrière un rempart de tinettes dont chacune porte inscrit le nom d'un de ses ouvrages, repousse du geste un second Zola, couronné et vêtu en académicien qui veut pénétrer dans la salle des Immortels. Comme idée, c'est ingénieux.

« Après avoir complaisamment servi de sujet au docteur Toulouse,
» voilà Zola aux prises avec un brave homme de bouquiniste du nom de
» Laporte.

» On ne peut imaginer contraste plus frappant entre les deux antago-
» nistes. Tous deux sont dans la librairie, mais l'un représente le livre
» triomphant de l'heure actuelle, le livre bien renté, le livre à gros tirage ;
» l'autre représente le bouquin, le livre qui a passé dans des milliers de
» mains, éveillé parfois des milliers d'intelligences, et qui dans les boîtes des
» quais accomplit son dernier avatar à travers le monde.

Couverture de l'ouvrage de Laporte.

» C'est une curieuse physionomie que celle de Laporte, le père Laporte
» comme on l'appelle. Il me fait un peu songer à ce Gilles Corrozet, le
» premier historien de Paris, que j'ai contribué à tirer de la poussière
» du passé.

» Corrozet, de son vivant, occupait, au premier pilier de la Grande Salle
» du Palais, une boutique qu'il avait héritée de son beau-père, Denys Janot ;

» c'est là qu'il publia, vers 1532, ce qui n'est pas d'hier, *La fleur des*
» *antiquitez, singularitez et excellences de la plus noble et triomphante*
» *ville, cité et université de Paris, capitalle du royaume de France*, avec
» ce, la *Généalogie du roy François I*^{er} *de ce nom.*

» Laporte a eu longtemps, il a encore, je pense, son étalage au quai
» Malaquais, et c'est là que viennent le questionner ceux qui n'ont pu le
» rencontrer à sa boutique, ceux qui ont eu besoin de quelque renseignement
» qu'ils ne trouvent pas ailleurs. Il n'y a encore que lui, en effet, pour vous
» indiquer immédiatement les différentes éditions d'un auteur, ou la date
» exacte à laquelle a été publiée telle pièce devenue rarissime. J'ajoute
» qu'il est difficile d'imaginer homme plus obligeant et plus serviable.

» Il ne faut, cependant, trop compter sur la bonhomie que respire cette
» physionomie intelligente et fine sur laquelle les intempéries de la vie en
» plein air n'ont pas eu de prise. Le père Laporte a fait un congé de sept
» ans dans l'armée, sous le second Empire, et ce vieillard, alerte encore,
» est resté combatif.

» Notre ami Uzanne en sait quelque chose. Il avait eu l'imprudence de
» dire que Laporte était un abbé défroqué, et il s'attira du bouquiniste une
» virulente riposte.

» Comme Uzanne a beaucoup d'esprit, il ne fit que rire de l'histoire et
» classa l'opuscule de Laporte avec les autres brochures du même auteur,
» qui auront un réel intérêt plus tard pour l'éclaircissement de certains
» détails de la vie littéraire.

» L'esprit étant, avec la bonne humeur, ce qui manque le plus à Zola,
» il a l'air de vouloir se fâcher tout rouge contre ce modeste bouquiniste.
» Il aurait tort, car je crois qu'en cas de polémique, ce serait lui qui aurait
» le dessous contre ce pince-sans-rire qui, pour avoir installé son échoppe
» sur les quais de la Seine, n'en a pas moins le bon sens et la verve caus-
» tique d'un paysan du Danube.

» Quel est donc le crime du bouquiniste ? Il a fait ce que l'on ne peut
» faire ni dans les conversations ni dans les journaux. Pour justifier le
» jugement que l'on porte sur un écrivain, il faut le citer. Or, c'est préci-
» sément ce qu'il est impossible, les trois quarts du temps, de faire pour Zola.

» Je crois que « l'ami Flasquelle » ferait bien mieux de rester tran-
» quille, etc. ».

Mais l'ami Flasquelle poussé par le créateur du *Naturalisme* ne resta pas tranquille et assigna Laporte en correctionnelle pour contrefaçon littéraire réclamant des dommages-intérêts, auxquels notre bouquiniste riposta en réclamant à son tour dix mille francs par demande reconventionnelle.

Le procès se jugea à la 9e chambre correctionnelle présidée par M. Richard le 24 février 1897. Ce fut une littéraire séance. M^e Le Senne plaida

pour Flasquelle et M⁰ Desjardin dans une remarquable plaidorie présenta la défense de Laporte. A citer surtout ce passage dans lequel Zola qui poursuit son adversaire pour contrefaçon est traité de plagiat : « Et M. Gaston Des-
» champ nous montre, par de saisissants exemples, les nombreux emprunts,
» les démarquages anonymes, disons le mot, les plagiats, que M. Zola,
» candidat à l'Académie, se permet, tantôt dans le livre de Vatican, tantôt
» dans les Promenades archéologiques.

» N'est-il pas vrai, Messieurs, que cette comparaison est édifiante et tout
» à fait significative ? Un contrefacteur avéré de métier, qui accuse un
» critique gênant de contrefaçon [1] ! »

Le jugement débouta Flasquelle et le condamna aux dépens et fixa un point de jurisprudence en disant : « que le *nombre* et *l'importance* des
» citations ne modifient pas le caractère de la publication si elles concourent
» à la démonstration et fortifient la conclusion de l'œuvre entreprise ».

Laporte par contre fut débouté de sa demande en dommages et intérêts sur des considérants assez subtils. Zola était moralement condamné mais, homme puissant, il fallait bien aussi que son adversaire y laissât quelques plumes.

Plus de cinq cents journaux, avec des appréciations diverses, discutèrent ces conclusions, mais ce n'était pas fini, car Flasquelle alla en appel, où le jugement du 15 juillet 1897 confirma en tous points ce qu'avaient dit les premiers juges.

Notre pauvre bouquiniste l'avait échappé belle : lui qui n'avait rien, avait en perspective la prison, les dommages, la contrainte par corps, la saisie et le reste, mais il y perdit la santé et sa maladie de cœur s'aggrava.

Il avait voulu faire de l'assainissement moral, y réussit-il ? C'est discutable : ce qui est sûr c'est qu'il évita à Zola de devenir immortel de son vivant. Comme compensation, après sa mort on lui a donné le Panthéon, mais le Penseur de Rodin, qui semble défendre l'entrée de ce caveau national, doit se dire : si les neuf dixièmes des académiciens, peu d'années après leur mort, sont totalement oubliés et inconnus, la plupart des cendres qui sont sous ces voûtes subiront le même sort. Seules les *Œuvres géniales* sont immortelles.

Son procès lui avait pris du temps et de l'argent, il se remit au travail, adapta diverses pièces de théâtre pour l'Amérique, mais son rôle était fini. On ne l'épargna pas en disant le pire de lui, il se défendit en se peignant lui-même : « On peut me présenter comme prétentieux, orgueilleux,
» curieux, ambitieux, que sais-je ? Je ne suis rien de tout cela. Je suis un
» homme simple et j'ajoute même un homme bon. N'ayant connu de la vie
» que ses souffrances, ses nécessités, ses cruautés et ses devoirs, j'ai fait

---

1. Plaidoirie de Me Desjardin.

» tout ce que j'ai pu pour les autres, allant tout droit devant moi et ne
» regrettant la fortune que pour pouvoir faire le plus de bien possible ».

Sa signature le peignait, simple, avec des lettres franches, c'était la main ouverte, mais si on l'attaquait, gare...! un signe en forme de glaive la terminait, il enfonçait le poignard.

Sa firme commerciale qui fut aussi son ex-libris ne dépare pas une collection des modernes du genre. Il est signé Bernay et représente un écrivain assis à une table dans une bibliothèque, la porte d'entrée surmontée de A L entrelacés est entr'ouverte. Au dessus écrit *ubi liber ibi liber*, entourant le motif : « Qui méprise les vieux livres a la porte ». Devise, jeu de mots.

Pourquoi comme bien d'autres n'a-t-il pas pris une bonne place, bien tranquille, bien rentée, qu'aisément on lui aurait accordée ?

Grâce à sa facilité d'écrire, sa plume acérée aurait pu s'adoucir et prodiguer des louanges aux puissants du jour, à ceux qui disposent des sinécures, des croix et du reste.

Si les honneurs et l'argent sont tout pour le grand nombre, s'ils mettent toute leur énergie à satisfaire leur ambition, d'autres se complaisent à rester effacés. Ils agissent mais *veulent* rester *inconnus*, ce sont les fanatiques de l'abnégation. Ils se rencontrent aussi bien chez les laïques que chez les religieux.

Ils font tout pour être ignorés, ne veulent rien devoir à personne, contribuent à l'élévation des autres, sans rien demander en échange, ils se sont fixé un but à atteindre, une ligne de conduite à suivre, ont prononcé des vœux, ou pris des engagements sous serment, et ne pas y faillir constitue leur orgueil et leur force.

J'arrête ma biographie. Nous aimons les boîtes poudreuses, causons volontiers avec les bouquinistes, et le père Laporte en fut bien un des plus curieux, d'autant plus que jusqu'ici peu l'avaient connu sous son véritable jour.

Il fut un guide pour moi, il me pilota dans mes débuts de chasse aux vieux papiers et vieux bouquins, je paye aujourd'hui ma dette de reconnaissance.

Que j'aurais aimé mettre ici le point final ; mais dans la vie, à chaque instant, surgissent non des faits mystérieux, j'ai dit autre part que ça n'existait pas, mais des coïncidences étranges qui amènent le cortège des mélancoliques réflexions.

Au temps où je connus Laporte, il y a quinze ans, par une de ces chaudes et longues soirées d'août, où les bouquinistes restent tard sur le quai, passant près de son étalage, entre les couvercles de ses boîtes, se tenait une jeune chatte perdue du genre angora de Paris. Elle me sauta sur l'épaule et j'emportai Kiki, c'est le nom que je lui donnais, en disant à

Laporte : « Ce sera un souvenir de vous et de votre grand procès littéraire. » Quinze ans, je l'ai gardée et malgré ce grand âge pour une chatte, elle était souple, magnifique, exempte d'infirmités.

Le chat, n'est-ce pas l'ami des gens d'intérieur, le symbole du foyer, l'ami des bibliothèques et des livres dont il éloigne les rongeurs ? Il fut dieu en Egypte, admis au paradis de Mahomet, seul le moyen âge en fit le diable, mais les temps modernes l'ont réhabilité. Que de poètes l'ont chanté, que d'écrivains et d'hommes célèbres en ont fait leur meilleur compagnon, moi j'en raffole. Il symbolisait bien Laporte, qui était doux lorsqu'on le caressait dans le bon sens, mais gare le coup de griffe si on le prenait à rebrousse poil.

Et il y a une quinzaine, ayant étalé sur ma table les vieux documents, les anciennes notes pour rédiger le travail que je remettais toujours à faire, ma chatte, qui d'habitude prenait toujours place près de mon buvard, fit comme toujours, mais elle si tranquille, s'agita, toussa, se roula sur les papiers, la maladie de cœur l'avait prise, et lorsque j'eus rédigé les premières pages, en une journée brusquement « s'endormit pour revivre dans une meilleure vie, » comme a écrit Hoffman de son chat Murr.

Ici-bas, tout ne fait que passer avec une étonnante rapidité, et c'est pour cela que nous courons après cet être éphémère qu'on dédaigne lorsqu'il est jeune, mais qui, exposé à tant d'accidents, n'arrive que très rarement à l'état de « vieux papier ».

Commandant QUENAIDIT

21 mars 1911.

LILLE, IMPRIMERIE LEFEBVRE-DUCROCQ.

www.ingramcontent.com/pod-product-compliance
Lightning Source LLC
Chambersburg PA
CBHW060930050426
42453CB00010B/1930